TITRES DE NOBLESSE

GÉNÉALOGIE ET ARMOIRIES

DE LA FAMILLE

DES VANIERE,

Par l'Abbé LÉOPOLD VERGUET,

Ancien Missionnaire apostolique de l'Archipel Salomon et de la N.-Calédonie (Océanie),
Membre de la Société des Arts et des Sciences de Carcassonne,
Membre correspondant de la Société Orientale, etc.

Pro Patriâ.

CARCASSONNE,

P. LABAU, IMPR. DE LA PRÉFECTURE, GRAND'RUE, 21.

—

1859.

A ma bonne mère

Adélaïde de Vaniere.

Je vous prie d'agréer avec bienveillance l'hommage de ces lignes que je viens d'écrire sur l'origine de vos ancêtres. J'ai été porté à ce travail par un sentiment de piété filiale et par le désir de conserver au cartulaire de l'ancienne noblesse de nos contrées une généalogie remarquable qui allait disparaître pour toujours sous la poussière accumulée de six siècles. C'est à vous que je dois tous les documents que je reproduis, toutes ces pièces intéressantes que vous tenez de vos ancêtres et que vous avez su religieusement conserver. Je désire que ces pages vous plaisent et qu'elles contribuent à perpétuer dans les familles qui, par vous, par vos sœurs et par vos nièces, ont la même origine, les sentiments traditionnels d'honneur, de religion, de vertu qui sont innés chez les Vaniere.

Votre fils affectionné,
LÉOPOLD VERGUET, prêtre.

Le grand VANIERE, Virgile de la France (Jacques de).

Né au château de ses ancêtres, diocèse de Béziers, le 3 mars 1664 ;
Pensionnaire de Louis XIV qui fit frapper sa médaille, autour du poëme intitulé :
Prædium rusticum.

TITRES DE NOBLESSE,

GÉNÉALOGIE ET ARMOIRIES

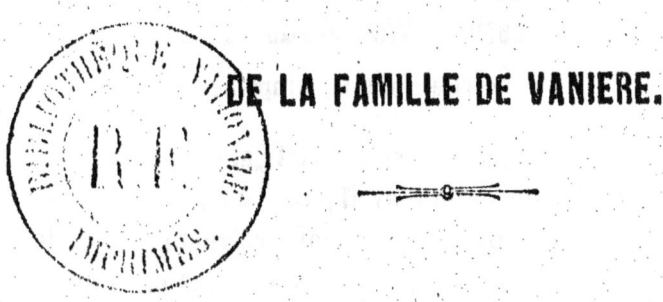

DE LA FAMILLE DE VANIERE.

Je recopie le premier titre de Noblesse sur un manuscrit de Louis DE VANIERE, Seigneur de Lalande et Conseigneur des lieux de Saint-Nazaire-de-Ladarés, Roquebrun, Bouissan et autres places ; ancien Mousquetaire de la seconde compagnie de la garde ordinaire du roi Louis XV ; je ne change rien à l'orthographe. Ayant sous les yeux le latin et le français des actes que je transcris, j'aime mieux donner la traduction française, pour être à la portée d'un plus grand nombre de lecteurs. Pour apprécier la valeur de cette pièce, il faut savoir que vers la fin du dix-septième siècle deux commissaires furent nommés, par arrêt de la Cour des aides de Montpellier, à l'effet de constater l'origine de la famille de Vaniere. Après avoir trouvé plusieurs titres conformes à la tradition, et remontant toujours de titre en titre plus honorables, ils ont découvert, dans le XIII siècle, un acte passé par-devant Pierre Guidon de la Masse, notaire de Cessenon, dont l'extrait fut recopié par M. Louis de Vaniere. C'est l'acte dont je ne donne que la traduction.

« *Contrats de mariage des Messieurs* DE VANIÈRE, *du depuis l'an de grâce mille trois cent dix et neuf, inclusivement, jusques en mille sept cens soixante-cinq, pour constater la noblesse de la famille, depuis son établissement en France, et continuée jusqu'à ce jourd'hui 1788.* »

1319.

PETRUS GUIDONIS
DE LA MASSA,
NOTARIUS
CESSENONIS.

« **Contrat de mariage de Don Diego Pedro PEREZ de VARGAS, avec Marie Élisabeth de VANIERE du CHATELET.** »

« Tiré mot à mot d'après l'original. »

« Au nom de Nostre Seigneur Jésus-Christ, ainsi soit-il. L'an de grâce 1319 et le dix du mois d'avril, très cher et très puissant prince Philippe V, roy des François reignant, dans le chateau de Châtelet, situé dans la terre de Causses et Vairan, sachent tous, présens et futurs, que devant moy et en ma présence, moy Pierre Guidon de la Masse, tabellion et notaire public du château de Cessenon, requis pour cela par les parties intéressées; présens les témoins désignés ci-dessous; et sont ici assemblés de bonne foy sans dol et fraude, pour contracter mariage par parole de futur, très noble damoiseau et chevalier *Don Diego Pedro Perez de Vargas*, fils légitime et naturel de très noble et très illustre chevalier Don Diego Perez de Vargas, commandant dans les troupes de Castille, et de très noble dame Marie de Vaniere, de la ville de Tolède en Castille, d'une part; et de très noble damoiselle *Marie Élisabeth de Vaniere du Châtelet*, fille légitime et naturelle de très noble et très belliqueux seigneur Jean Raymond de Vaniere du Châtelet, et de très noble dame Marie Alix Perez de Vargas du lieu de Causses, d'autre part; les espoux ont convenu de se conjoindre en légitime mariage et d'observer les formalités requises en face de la très sainte mère Eglise catholique, apostolique et romaine, à la première requisition de l'une ou de l'autre des parties, du consentement des parens escrits ci-dessous; c'est à savoir:

de la part du futur espoux : Don Juan Perez de Vargas son frère aîné, ayant le pouvoir de sa mère, lequel je tiens en mon pouvoir ; il parle ainsi qu'il sera escrit en entier, après la passation de ce contrat, pour la faculté et la sûreté des parties. Donc, pour ce qui a été dit ci-dessus, pour le consentement de la dame Marie de Vaniere de Perez de Vargas, mère du futur espoux Don Juan Perez de Vargas, par cet instrument donne, en considération de ce Mariage, à Don Diego Pedro Perez de Vargas, tous les biens appartenans à sa mère situés en France et trois mille livres tournois, argent de France, qui seront payés dans l'année courante, et de condition expresse qu'il ne pourra rien prétendre davantage, tant des biens patrimoniaux que matrimoniaux, qui sont situés en Espagne ; ce que Don Diego Pedro Perez de Vargas, futur espoux, a librement et gracieusement accepté. Et pour les mêmes raisons matrimoniales, noble Jean Raymond de Vaniere du Châtelet et noble dame Marie Alix Perez de Vargas père et mère, donnent l'un et l'autre à leur dite fille, future espouse, tous leurs biens tant présens que futurs, avec tous leurs revenus et émolumens, sous la réserve seulement de la moitié des fruits, si par cas fortuit ils ne peuvent pas vivre et habiter ensemble, autrement, si la bonne concorde reste toujours avec eux, ils seront nourris et entretenus de toutes choses nécessaires, tant en santé qu'en maladie, avec les siens qui seront procréés de ce mariage ; et ladite demoiselle Marie Élisabeth a remercié humblement son père et sa mère et s'est constituée, envers son mari, tous ses biens tant présens que futurs comme dotaux, et il a été acte et convention expresse, que ledit Don Diego Pedro Perez de Vargas ne prendra que le nom et ne portera seulement que les armes de Vaniere, sans laquelle condition rien n'aurait été fait ; ce qu'il a promis d'observer et tenir, tant pour luy que pour ses descendans ; ce qu'il a juré sur les Saints Évangiles de Dieu, et pour observer cela les parties ont obligé tous leurs biens.

» J'ai pris acte dans le présent instrument, présens les futurs espoux, le père et la mère de la future espouse, le comte de Tristemare, cousin de l'un et de l'autre ; Armand de Montgaillard, son cousin; Léopold de Terroul, son cousin; Frédéric d'Aimard et autres parents et amis; témoins : Pierre Mas et Laurens Villebrun, habitants du lieu des Causses, et nous, notaire ci-dessus nommé, pour cela requis dans le lieu, an et jour dit ci-dessus, je l'ay escrit et j'y ay aposé mon sceau accoutumé, pour qu'il vaille en foy et témoignage, etc:

» Et pour mieux observer certaines conditions qui sont dans le présent instrument, il a été convenu, du consentement des parties, qu'il serait ainsi expliqué et désigné, comme sont les armes de Vaniere, comme il suit : il y a deux étoiles d'argent et entr'elles la lune croissant d'argent, sur un champ d'azur, terminé par une barre d'or, et au-dessous un champ d'argent, et au milieu du champ, une main tenant une épée avec cette inscription : *pro patriâ*, et l'écusson couronné par un casque en fasce décoré. Voilà les armes désignées de la famille des Vaniere, afin qu'on ne puisse, en aucune fasson, les changer. En foy de quoi, moy, notaire susdit, dans le lieu et an et jour comme dessus, j'y ay posé mon sceau accoutumé. »

Avant de continuer la transcription de cet acte, il est bon de jeter un coup-d'œil sur le dessin n° 1, qui représente les armoiries dont on vient de lire plus haut la description. Le manuscrit d'où je les ai recopiées nous les donne ainsi dessinées et coloriées avec cette observation : « Anciennes armoiries de la famille de Vaniere, qui sont sculptées sur la porte d'entrée de leur maison, à Causses, diocèse de Béziers. »

Elles portent donc, avant et depuis 1319 : d'argent, une main de carnation tenant une épée d'or, une fasce d'or élevée au chef cousu d'azur, chargé d'un croissant d'argent accôté de deux étoiles de même, et accollé de deux palmes de sinople liées par leur tige d'un lien d'azur, l'écu sommé d'une couronne de baron ; devise écrite sur l'épée et sur un ruban de gueule au bas de l'écu : *pro patriâ.*

Donation de la Mère de l'Espoux et dispense de parenté.

» Comme la permission pour contracter mariage et la donation de la dame Marie de Vaniere, mère du futur espoux, n'est pas escrite dans l'instrument de mariage, il est nécessaire, pour la validité et sûreté des parties, qu'elle soit escrite telle qu'elle est (en espagnol), toujours présens toutes les parties et témoins comme il est dit ci-dessus.

» Comme mon cher fils Don Diego Pedro Perez de Vargas désire de se marier avec ma nièce Dona Marie Élisabeth de Vaniere du Châtelet, fille de Jean-Raymond de Vaniere du Châtelet, mon frère, moy, comme l'un et l'autre sont parents, moy, pour la forte amitié que j'ay pour eux, j'ai obtenu de Sa Sainteté la dispense de parentèle qui leur donne la license de se marier ; comme dit, j'ay chargé mon fils Don Diego Pedro Perez de Vargas. May par celle-cy je donne mon consentement, et selon les conventions antécédentes faites d'un commun accord avec mon frère, mes deux enfans et ma nièce, et pour leur témoigner le plaisir que j'ay pour ce mariage, mon fils, Don Juan de Vargas, donnera pour moy et en mon nom, tous les biens que j'ay, tant de mon père que de ma mère, dans le royaume de France, et de plus, je leur donne la somme de trois mille livres tournois en deniers payables dans l'année courante, et c'est fait à condition que mes deux enfants ne pourront rien se demander l'un à l'autre des biens de leur père ni mère, comme ils ont convenu estre satisfaits l'un et l'autre de ce qui est fait, comme je l'affirme de mesme que mes deux enfants et non Don Diego Perez de Vargas mon défunt mari. Fait à la ville de Tolède, le huitième de l'an mille trois cens dix-neuf. Marie de Vaniere de Perez de Vargas ; Don Diego Pedro Perez de Vargas. Ils sont ainsi signés, et moy, notaire susdit, j'y ay mis mon sceau accoutumé pour qu'il vaille, etc. »

1360.

Pierre Guidon de la Masse, notaire de Cessenon.

« **Contrat de mariage de noble Guillaume de VANIERE, avec noble demoiselle Françoise de PETIT.** »

« Copié mot à mot d'après l'original. »

« Au nom de Notre Seigneur Jésus-Christ, ainsi soit-il ; l'an de grâce mille trois cens soixante, dans le château de Saint-Nazaire, estant très cher et très puissant prince Jean, par la grâce de Dieu, roy des François reignant, et le huitième jour du mois de février ; sachent tous présens et futurs que en ma présence, moy Pierre Guidon de la Masse, notaire publicq du château de Cessenon, requis pour cela, et en la présence des témoins de bonne foy, sans dol et cautèle, qui sont inscrits ci-dessous, ici sont présens dans la salle du château de Saint-Nazaire de Ladarés, pour contracter mariage par parole de futur, noble Guillaume de Vaniere, servant notre Roy avec ses cavaliers, fils légitime et naturel de très noble et très illustre chevalier Don Diego Pedro Perez de Vargas, né à Tolède de Castille ; il doit être seulement appelé Vaniere, selon les conditions portées dans le contrat de sa conjonction avec son espouse......,... »

La suite de ce manuscrit est perdue ; ce que je viens d'en transcrire nous instruit suffisamment sur l'origine et sur la noblesse des *Vaniere*.

L'abbé de Vaniere de Longpré, chanoine de Vabres, nous a laissé dans la préface de son ouvrage, l'*Art de former l'homme*, *un précis historique de la maison de Vaniere et des grands hommes qu'elle a produits*. J'y lis à la page 5 :

« Les Vargas sont encore aujourd'hui grands d'Espagne de la première classe ; et ils sont si anciens dans ce royaume, que l'histoire des révolutions de la France, vol. in-4°, édition de 1500, parle d'un Vargas au IV° siècle, qui était déjà célèbre guerrier.

» Les *Perez* se trouvent dans la généalogie des rois de France et des rois d'Aragon.

» On voit, dans l'histoire d'Espagne, des *Perez Vargas*, littérateurs célèbres, archevêques, ambassadeurs, connétables et premiers ministres.

» Depuis le changement de nom, la généalogie de la maison de Vaniere, mise en règle jusqu'à ce jour, présente, sans lacune, de génération en génération, plusieurs officiers généraux, des commandants d'hommes d'armes, etc., etc.

» Les noms français qui sont entrés dans cette maison depuis le XIIIe siècles sont : les *Petit*, de Narbonne; les *Lestang*, les *Prados*, les *Mont-Gaillard*, les *d'Albignac*; les *Aimard de Roquezels*, les *Aimard de Mus*, les *Gléons*, les *Saint-Clément de Cabrol*, les *Montredon*, les *Lafon de Bellegarde*, les *Destandieu*, sans compter ceux que l'on ignore, ainsi que toutes les alliances contractées avant et depuis le XIIIe siècle.

» Les biens de ces deux maisons réunies furent sans doute très considérables, puisqu'ils fournissaient encore, sur la fin du XVe siècle, à la nourriture d'une troupe *innombrable* de pauvres. (*Prædium rusticum, lib. 5.*) »

» Le Supplément du Dictionnaire de *Moréri*, cherchant à donner une idée de cette maison, par un exemple de ses mœurs, rapportait ce passage du poème sur l'agriculture, où l'on voit que les Vaniere avaient un bâtiment destiné à recevoir les pauvres et les voyageurs malheureux, dont la multitude *innombrable* entourait *continuellement* les portes de leur château. « *Tritas usque fores inopum Turmis.* » Je citerai plus bas le morceau en entier.

» Le nom de Vaniere était tellement révéré dans la province du Languedoc, avant même l'apparition du Virgile de la France, que M. de Baville, intendant de la province, ayant appris que cette maison envoyait à Toulouse une barque de tonneaux de vin muscat, fit aussitôt donner des ordres pour que cette barque fût affranchie de tous les droits usités sur le canal.

*

» Au milieu d'une telle opulence, on admirait les Vanière, tantôt à la tête de leurs serviteurs, comme les anciens Romains, ne pas dédaigner les travaux champêtres; tantôt on les voyait dans leurs jardins, tailler eux-mêmes leurs citronniers. »

Les douceurs de la vie champêtre, l'amour de l'agriculture, les mœurs paisibles et bienfaisantes, qui étaient le caractère distinctif des Vanière, ne les empêchaient pas de se distinguer dans le service des armées du Roi. Les uns y occupèrent toujours des grades importants dans la garde, tandis que les autres surent s'illustrer dans les lettres ou se dévouer dans le saint ministère ecclésiastique. La suite de leur généalogie va nous l'apprendre, je la tire d'un tableau généalogique dressé d'après les actes les plus authentiques par Louis de Vanière de Lalande.

Nous savons déjà qu'en **1360** *Guillaume de Vanière*, seigneur du Castelet, suivant le Roi aux armées, fut marié à noble dame Françoise de Petit; il fut père de Jean-Louis.

« En **1407**, noble *Jean-Louis de Vanière*, seigneur du Castelet, fut marié à très honnête demoiselle Marie Éléonore de Prades; il eut pour fils Louis-Henri. »

« En **1463**, noble *Louis Henri de Vanière*, seigneur du Castelet commandant de cinquante hommes d'armes du Roi, fut marié à honnête demoiselle noble, Marguerite Aymard de Roquezels; il fut père de Henri. (Pierre de Bornia, notaire de Sérignan fit le contrat de mariage.) »

« En **1501**, noble *Henri de Vanière*, seigneur du Castelet, officier de cavalerie, fut marié à Marguerite Aymard de Mus; il eut pour fils Pierre I. (Pierre Robert, notaire de Montpellier passa le contrat.) »

« En **1544**, noble *Pierre I de Vanière*, seigneur du Castelet, capitaine de cavalerie, fut marié à demoiselle Marie de St-Clément de Cabrol de Montredon; il fut père de Pierre II. (Jean-Pierre Masse, notaire de Causse, passa le contrat.) »

« En **1598**, noble *Pierre II de Vaniere*, seigneur du Castelet, commandant de cinquante hommes d'armes, fut marié à très vertueuse demoiselle Marie d'Estadieu ; il fut père de Jean I. (Pierre Mas, notaire.) »

« En **1634**, noble *Jean I de Vaniere*, seigneur du Castelet, marié à honnête demoiselle Jeanne de Tournal de Céleiran ; il fut père de Jean II et de Jacques. (Maturin Caune, notaire de Pérignan, aujourd'hui Fleury, passa le contrat de mariage.) »

« En **1664**, 3 mars, naissance de JACQUES DE VANIERE, Virgile de la France, dit le Grand, auteur du *Prædium rusticum* et d'autres ouvrages, le premier qui ait vu frapper sa médaille. »

Je suspends la citation de la table généalogique, pour donner un peu plus de développement à la vie de cet illustre poète, de ce modeste religieux ; la religion et la patrie, autant que sa famille, s'honorent de ses vertus et de ses talents.

Du sein de cette vive et longue contemplation des merveilles de la nature, pour laquelle étaient passionnés les Vaniere, est sorti le *Virgile de la France*, *Jacques de Vaniere*, surnommé *le grand*, vulgairement appelé le *Père Vaniere*.

L'abbé de Vaniere, Pedro Longpré, petit neveu du grand Vaniere, ancien chanoine de la cathédrale de Vabre, prieur de Saint-Jean de Pomeirols, fit graver le portrait de son grand-oncle Jacques de Vanière et celui de son père Ignace de Vaniere. « Le tableau de la rare réunion de ses titres, pour la
» première fois exposés, lui obtint l'honneur d'être présenté
» au roi Louis XVI, le 17 mai 1787, et d'offrir les portraits de
» son grand-oncle et de son père et à la famille royale, dont il
» a été accueilli avec distinction et bonté. (V. *le précis*, p. 3.) »

Dans le premier de ces portraits, dessiné et gravé d'après la médaille frappée du vivant même de l'auteur, et dans un temps où une médaille était un temple, (à Paris, chez Lesdapert, libraire de Monsieur, rue du Roule), Jacques de Vaniere est représenté dans un médaillon, couronné de lauriers et porté sur les ailes de pégasse, génie de la poésie; au-dessus de sa tête flotte un léger ruban avec cette inscription : *Virgilius galliarum*. Sur la face antérieure du piédestal est dessiné le revers de la médaille avec cette devise : *Ruris opes et diliciæ*. Le dessin représente un opulent château environné de grands arbres, avec une ferme et ses accessoires : pigeonnier, laiterie, etc... On aperçoit dans le lointain le seigneur à cheval qui se livre au noble exercice de la chasse au cerf, tandis que sur le premier plan son berger, aux mœurs pacifiques, joue de la flûte environné d'un troupeau de brebis, de plusieurs chèvres et de quelques vaches; tout à côté les poules et les canards prennent leurs joyeux ébats. C'est, en relief, l'œuvre qu'a si bien chanté le *Virgile de la France.*

La médaille porte le millésime MDCCXXX (1730); c'est l'époque où elle fut frappée, par conséquent sous Louis XV. Sur le marbre, un peu au-dessous, sont gravés des vers latins d'Ignace de Vaniere, dont voici la traduction : « Contemplez cet autre Virgile, qu'ont donné à la France la nature, le génie et le travail, qui vient à bout de tout. Les traits vénérables de ce visage ne respirent que piété et vertu. Nous pleurons celui que regrette tout l'univers. Un destin sévère a pu l'enlever à nos regards, mais il ne l'effacera jamais de notre souvenir. Vous vivrez, *Grand Vaniere*, aussi longtemps que vivra l'amitié, aussi longtemps qu'existeront les campagnes. »

Au-dessous de la gravure on lit ces mots : « Le grand Vaniere, Virgile de la France (Jacques de), né au château de ses ancêtres, diocèse de Béziers, le 3 mars 1664, descendant des princes de Castille et des rois d'Aragon; présenté à la cour par l'abbé de Vaniere. » On lit plus bas ces louanges :

» Les personnes de goût, qui possèdent la langue latine, admirent non-seulement le naturel, la beauté, la fécondité du génie de Vaniere, mais encore la justesse de l'expression avec laquelle il rend tous les sujets qu'il traite; la pureté de la langue, l'élégance du style, qui tiennent du siècle d'Auguste, avantages qui le mettent au-dessus de tous les poëtes latins modernes, qui lui ont mérité, à juste titre, une grande réputation. Tel est le tribut de louanges que lui ont payé les meilleurs connaisseurs.... Dans son ouvrage sur l'agriculture, tout y est peint avec une naïveté et une vivacité qui rendent les sujets sensibles et lui donnent cette âme séduisante avec laquelle le lecteur, toujours trompé, croit voir, tenir, entendre les objets dont on ne fait que lui retracer l'idée......... Personne n'a été plus simple, plus doux, plus modeste, dans le commerce de la vie, et plus attaché à son devoir que ce grand poëte.... Pourquoi ne payerait-on pas un juste tribut de louanges à un homme qui a consacré *les plus précieux moments de sa vie* à l'étude de la campagne, à examiner tout ce qu'elle produit, à connaître tous les travaux convenables pour la cultiver et la faire valoir, et, en même temps, à décrire les plaisirs innocents qu'on peut y goûter dans ses moments de loisir?...... On a prodigué des éloges à des personnes qui s'étaient appliquées à des travaux moins utiles, et on a rempli de leurs noms les fastes littéraires. » (Extrait du Journ. écon. de janv. 1758.)

Le nom de Virgile de la France lui a été donné : 1° parcequ'il a travaillé dans la même langue, sur le même sujet, et dans le même goût que Virgile; 2° parce qu'il est le poëte latin de la France qui approche le plus de Virgile.

La ville de Béziers, fière d'avoir ce grand homme pour citoyen, a donné son nom à l'une de ses rues, *la rue Vanière*; récemment elle a fait sculpter, par un célèbre artiste, le buste du *Père Vanière*. Une ode sur les hommes illustres de Béziers rapporte dans la strophe suivante cet hommage civique :

> Sans cesse consacré à tout ce qu'on renomme,
> Sous la main de David le marbre se fait homme;
> C'est Vanière qui parle et sourit devant vous;
> Vanière, favori de la muse champêtre,
> Continuant Virgile et l'égalant peut-être
> Dans ses vers si purs et si doux.

(Ode sur les hommes illustres de Béziers, 20 mai 1852.)

De Feller, dans sa *Biographie universelle*, parle aussi de *Jacques de Vaniere* : « Ce qui mit le comble à la gloire du Père Vaniere, ce fût son *Prædium rusticum*, poëme en seize chants dans le goût des *Georgiques* de Virgile. Rien n'est plus agréable que la peinture naïve que le Père Vaniere fait des amusements champêtres. On est également enchanté de la richesse et de la vivacité de son imagination, de l'éclat et de l'harmonie de sa poésie, du choix et de la pureté de ses expressions... »

Cet ouvrage a été recherché de toutes les nations, qui chacune l'a traduit en sa langue. Ceux qui veulent avoir un aperçu des mœurs et de l'ancien état de la maison de Vaniere n'ont qu'à lire ce poëme, dont la richesse et les détails sont de nature à plaire à tout le monde. Je traduirai seulement le passage où le poète consacre quelques vers au souvenir de ses parents, aux mœurs de ses charitables ancêtres.

« .... Il était grand amateur de la vie champêtre, mon père, que la mort nous a ravi il y a longtemps : elle n'a pu cependant éteindre la flamme de notre amour. Lorsque je pense aux mœurs si douces de mon père, aux exemples de vertu qu'il m'a laissés (et un fils doit mieux aimer penser à tout cela que de le dire), non, je ne voudrais pas être issu d'un autre sang, fût-ce même de sang royal : tant ont de prix à mes yeux la piété, la simplicité de l'âge d'or, la bonne foi toute pure, un cœur inaccessible au gain sordide, et la conscience qui ne s'écarte jamais du devoir.

« De quelles délices surtout mon cœur est inondé lorsque je me représente les portes de notre maison s'ouvrant à la fois pour recevoir une multitude innombrable de pauvres ! Le village que nous habitons connaissait si bien cette disposition à la charité, ces mœurs affables, ces mains toujours ouvertes pour soulager l'infortune, que si un malheureux se présentait dans l'endroit, si un voyageur, surpris par les ténèbres, demandait un lieu de refuge pour passer la nuit, le premier venu lui indiquait la maison de mes parents comme si elle eût été un hospice fondé tout exprès pour l'infortune, ou pour donner un asile au voyageur indigent encore éloigné du terme de sa course.....» (*Prædium rusticum*, lib. V.)

» La poésie et son objet doivent concourir à faire regarder Vanière, non-seulement comme un homme rare, mais encore comme un des plus grands hommes qui aient jamais illustré la France; aussi a-t-il reçu les plus grands honneurs de son vivant. Le *Parnasse* raconte que le célèbre Santeuil, à la lecture des premières œuvres de Jacques de Vanière, se mit publiquement au-dessous de lui, en s'écriant, devant les poètes latins ses confrères : *Voilà un homme qui nous recule d'un rang sur le Parnasse.* Il est le premier des hommes illustres dont on ait frappé la médaille de son vivant; et cette médaille, élevée au sommet du parnasse français, annonce aux générations futures qu'il est à jamais devenu la richesse et les délices des campagnes : *Jacobus Vanierius magnus, ruris opes et deliciæ*, (*Précis, page 10*). C'est la devise que depuis cette époque on lit sur les armoiries de la famille Vaniere; Voyez le dessin n° 2 qui les représente. Le manuscrit d'où je l'ai recopié l'explique par ce peu de mots : « Armoiries de la famille depuis l'époque où le roi Louis XV fit frapper la médaille de *Jacques de Vaniere*, dit *le grand*, *Virgile de la France*, et qu'il donna à la famille la devise qui contourne l'écusson. »

Ainsi, depuis 1730, de Vaniere porte : d'azur au chevron d'or, accompagné en chef de deux étoiles d'argent, en pointe d'un croissant de même; l'écu entouré d'une bande de gueules, avec cette devise : *Ruris opes et deliciæ*, sommé d'une couronne de marquis reposant sur les plis de la bande, et accolé de deux palmes de sinople, liées à leur tige d'un lien de gueules.

Outre le *Prædium rusticum*, le Père Vaniere a écrit un *Dictionnaire poétique latin*, grand in-4°; seize *Églogues* latines sur l'amitié, plusieurs *Hymnes*, grand nombre d'*Épîtres*, *Épigrammes*, *Inscriptions*, etc., sous le titre *Opuscula*.

Jacques de Vaniere n'avait pas borné son zèle à tous ces ouvrages. Il s'est occupé, pendant trente ans, d'un *Dictionnaire universel*, français et latin, sur lequel M. le chancelier d'Aguesseau lui avait donné plusieurs idées. Il en a laissé six gros volumes in-folio. Louis XIV, pour soutenir les frais d'une entreprise aussi utile, avait favorisé son auteur d'une pension de huit mille livres, dont une partie fut transmise au père Lombard, jésuite, chargé par Sa Majesté de la continuation de ce grand dictionnaire.

Le Père Vaniere fut six ans principal de la maison des jésuites à Toulouse, ensuite recteur de celle d'Auch. Il mourut à Toulouse, le 22 août 1739, âgé de 76 ans. Plusieurs poètes, dit Feller, ornèrent de fleurs son tombeau; son caractère méritait leurs éloges autant que ses talents. Mr. Berland, de Rennes, a publié, en 1756, une traduction du *Prædium rusticum* en deux volumes, sous le titre d'*Économie rurale*.

Suite de la généalogie :

« En **1682**, noble *Jean II de Vaniere*, seigneur du Castelet, commandant les lignes de Causses et Vairan, lors de la contagion, fut marié à demoiselle Toinette de Tastavin; il eut pour fils : Guillaume II, Ignace, Jean-Pierre, Jacques-Joseph et Louis. (Guillaume Sabatier, notaire de Roquebrun, fit le contrat de mariage.) »

« En **1606**, noble IGNACE DE VANIERE *de Baraillac*, surnommé *l'Ami des hommes*, naquit à Causses. Il a été surnommé l'*Ami des hommes*, 1° parce que, dit M. l'abbé Aubert, « il a étendu son zèle à tous les objets qui intéressent la société; 2° parcequ'il a fait le sacrifice de toute sa vie et de tout son bien pour le bien général. Le Roi et la famille royale ont agréé, sous ce titre, la gravure de son portrait, au mois de mai 1787. (*Voyez la Gazette de France des mêmes mois et an.*) »

» Le jeune Vaniere, toujours occupé du bien public, conçut de bonne heure que le vice des états avait une cause commune:

il l'apperçut dans l'éducation, aussi s'appliqua-t-il à remédier au mal par un bon traité sur cette importante matière. Pour faire connaître que cette production répondait parfaitement aux vues bienfaisantes de Louis XV, qui l'avait demandée à l'auteur, et que par là même elle méritait de fixer l'attention publique, Monseigneur le duc de Bourgogne, à l'éducation duquel elle était destinée, en avait agréé la dédicace. La seule première partie de cet ouvrage parut en trois éditions, qui furent bientôt épuisées.

Le fils d'Ignace de Vaniere, l'abbé *Antoine de Vaniere* (Pedro-Longpré) entreprit d'achever l'ouvrage de son père; il en fit huit volumes qu'il intitula: l'*Art de former l'homme*, ouvrage dogmatique et moral dont Louis XVI, en 1789, agréa la dédicace. L'abbé de Vaniere présenta à Sa Majesté et à la famille royale le portrait de son père en même temps que celui de son grand-oncle. Dans le premier, l'*Ami des hommes* est représenté dans un médaillon couronné de lauriers; au-dessus de sa tête flotte un ruban avec cette inscription: l'*Ami des hommes*. Le médaillon est soutenu d'un côté par Mercure et de l'autre par Minerve. Ces divinités, protectrices des arts et des sciences, ont dans leurs mains des lauriers et des palmes. La face antérieure du piédestal représente un jeune homme qui, par une belle matinée de printemps, célèbre en pleine campagne les louanges du Créateur.

Au-dessous du paysage sont tracées quelques lignes à la mémoire d'Ignace de Vaniere. « Laborieux, sage et rempli de lumière, il a étendu son zèle à tous les objets qui intéressent la société. — L'abbé Aubert, feuilles de 1760. » — Un peu plus bas on lit: « Messire Thomas Ignace de Vaniere, neveu du Grand Vaniere, né au château de ses ancêtres, diocèse de Béziers, année 1696, descendant des princes de Castille et des rois d'Aragon, présenté à la cour par l'abbé de Vaniere, Pedro-Longpré son fils, ancien chanoine de la cathédrale de

Vabres, prieur de St-Jean de Pomeirols, présenté au Roi le 17 mai 1787.

« Il ne s'agit que de mettre en pratique l'ouvrage d'Ignace de Vanière, *l'État et la Religion* n'y gagneront pas moins que les *lettres*. Lefranc de Pompignan, de l'Académie française, *Discours sur l'Education*, imprimé en 1760. »

Le portrait d'Ignace de Vanière est rendu encore plus intéressant par les armoiries qui l'accompagnent; ce sont sans doute celles de la famille en 1787; elles portent : Écartelé aux premiers et quatrième d'azur au chevron d'or, accompagné de deux étoiles d'or en chef, en pointe d'un croissant d'argent; aux deuxième et troisième de sinople à trois étoiles d'or, à dextre un chien assis sur ses pattes de derrière, à senestre trois épis d'or; l'écu, sommé d'une couronne de marquis, est accollé d'un cordon bleu où est écrite la devise: *Deo, regi et patriæ devota*, et d'où pend la croix du Saint-Esprit; supports : deux lions au naturel; cimier : un cheval sautant, ayant des ailes d'aigle : (Pégase.) Voyez la gravure, page 23; mais observez que le graveur a mal recopié les épis, qui sont d'or, et leur champ de couleur sinople et non orange.

Suite de la généalogie.

« En **1720**, noble *Jacques-Joseph de Vanière*, né en 1688, fils de Jean II. Il fut prêtre, chanoine de Vabres, vicaire-général, pensionnaire du Roi. (La pension que lui accordait Louis XV était sur l'abbaye de Belle-Perche; il transféra son canonicat à l'abbé Antoine de Vanière, Pedro-Longpré, en 1770. Il mourut en 1771.)

« En **1745**, noble *Louis de Vanière*, chevalier de Saint-Louis, brigadier des gardes du-corps, capitaine de cavalerie, mort des blessures qu'il reçut à la célèbre bataille de Fontenoy. » Cette bataille eut lieu sous Louis XV; les colonnes anglaises y furent enfoncées par l'artillerie française. Ce titre de chevalier de Saint-Louis explique peut-être le cordon bleu qui entoure les armoiries d'Ignace de Vanière. (*Voyez page* 23.)

« En **1723**, *Guillaume II de Vanière*, sieur de *Pradines*, fut marié à demoiselle Marie-Marguerite Daniel. (Madaille, notaire de St-Nazaire de Ladarés.) » Il était fils de Jean II; il fut père de Jacques-Joseph II., de Guillaume III et de Louis. (Pradines, maison de campagne aux environs de Causses.)

« *Jacques-Joseph II de Vanière*, chevalier de St-Louis, garde-du-corps du Roi, fut père de *Guillaume-Emmanuel de Vanière*, » mieux connu dans la famille sous le nom de *Vanieirou*. Celui-ci fut marié à Mademoiselle Françoise Ricard, héritière par lui de la maison et du bien des Causses (canton de Murviel); il est mort sans enfants.

« *Guillaume III de Vanière*, sieur de *Pradines*, auteur d'un poëme sur la mort, et d'autres ouvrages, fils de Guillaume II. »

« En **1765**, noble *Louis de Vanière*, ancien mousquetaire de la seconde compagnie de la garde ordinaire du roi (Louis XV) fut marié à demoiselle Marie-Rose de Ferret, seigneuresse de Lalande et de St-Nazaire, » fille de Joseph-François-Eustache de Ferret, et de Marie-Gabrielle de Bernard aïeule de Madame la marquise de Gaulejac. (Cavaillez, notaire du Pujol, dressa le contrat de mariage.) Mademoiselle de Ferret a eu pour sœur Madame *Bédrines* de Magalas. Louis fut père de Pierre-Louis (mieux connu dans la famille sous le nom de *Landou*, diminutif de Lalande, seigneurie où résidait la famille, département de l'Hérault, non loin de St-Gervais. Ce bien appartient aujourd'hui à M. Moustélou, avocat.

Je suis arrivé aux époques contemporaines; jusqu'à présent ce sont les manuscrits de mon grand-père maternel, Louis de Vanière, qui m'ont dirigé; je citerai encore de lui un opuscule où il fait connaître un objet de son invention; en voici le titre : « Les prospectus des *Foyers économique, militaire et marin*, par Louis de Vanière, seigneur de Lalande et conseigneur des lieux de Saint-Nazaire de Ladarés, Roquebrun, Bouissan et autres places, ancien mousquetaire de la seconde compagnie de la garde ordinaire du Roi. Dans le même on voit les plans des trois foyers dessinés par l'auteur avec........ Vaniere........ gravée........ 1786. » « *Vidimus* J. Sabatier Destaussau, com^ro....... »

Au bas de la feuille sont les armoiries représentées au n° 4; la page est déchirée, une partie de l'écriture a disparu ainsi qu'une bonne moitié des armoiries. Ce qu'il en reste ressemble à un cachet que je tiens de ma grand'mère, Rose de Ferret de Lalande de Vaniere, et que je vais décrire sans chercher à l'expliquer. Il porte écartelé au premier et quatrième d'azur au chevron d'or, accompagné de trois épées d'or, deux en chef, l'une à dextre, l'autre à senestre et la troisième en pointe; aux deuxième et troisième de gueules au chevron d'or, accompagné en chef d'une croix de Malte en pointe d'une montagne. (*Voyez* n° 3.) Le manuscrit porte de gueules au lieu d'azur, et d'azur au lieu de gueules; c'est probablement une erreur.

Louis de Vaniere s'est beaucoup appliqué à réunir les anciens titres de sa famille; je regrette de n'avoir qu'un petit nombre de ses écrits; ceux de mes parents qui en possèdent me feraient bien plaisir de me les communiquer.

Louis de Vaniere eut pour fils : Pierre-Louis-Gabriel, et six filles, dont plusieurs vivent encore ; voici leurs noms :

1. Melle *Joséphine de Vaniere*, Mariée à M. Georges Fabre, jurisconsulte à la Cour royale de Montpellier.

2. Melle *Rosalie de Vaniere*, mariée à M. Fournés, de Bédarieux.

3. Melle *Xavière de Vaniere*, mariée à M. Gaspard Barbot, fabricant de draps à Lodève, père de Mme Camille Fournier (René), et de Mme Philippine de Bourzac.

4. Melle *Marguerite de Vaniere*, mariée à M. Trinché, propriétaire à Magalas.

5. Melle *Bernarde de Vaniere*, mariée à M. Derois, médecin à Montblanc.

6. Melle *Adélaïde de Vaniere*, mariée en 1816 à M. Alexis Verguet, de Clairvaux (Jura), fils de Jean-Claude Verguet, négociant, et de Marie-Joséphine Fuand, ex-officier en retraite, décoré à Wagram (1809), où il franchit une redoute et s'empara d'une pièce de canon et de son caisson. A Vilcomir, en Russie (1812), étant en éclaireur avec douze hommes, il chargea un peloton de cavalerie et le ramena prisonnier. Il est père d'Adélaïde Gary, de Judith Dufort et de Léopold Verguet, prêtre, ancien missionnaire apostolique.

En **1792** *Pierre-Louis-Jacques-Gabriel de Vaniere*, mieux connu dans la famille sous le nom de *Landou* (diminutif de Lalande), ancien garde-du-corps du roi Louis XVI. Voyez son portrait sous ce costume au n° 6.

Dans les mauvais jours qui précédèrent la République, la veille de l'arrestation du Roi, Louis de Vaniere était au poste de la première grille avec M. de Poisson, dont le frère était à la deuxième grille. M. de Poisson, pour passer la nuit avec son frère, pria M. de Vaniere de changer de place avec lui et d'aller à la deuxième grille. M. de Vaniere y consentit, et la nuit même les gardes de la première grille furent égorgés. Cette circonstance le fit échapper à la mort. Après l'arrestation du Roi martyr, Louis de Vaniere regagna ses foyers. Il fut marié à demoiselle Marie-Rose Roger; il fut père de deux fils : Frédéric, mort à l'âge de seize ans, et Isidore; il eut aussi quatre filles dont voici les noms :

1. Melle *Justine de Vaniere*, mariée à M. Gache, médecin à Saint-Giniés.

2. *Clotilde de Vaniere*, mariée à M. Fabre de Montblanc.

3. Melle *Iphigénie de Vaniere*, mariée à M. Roussac, avoué, à Lodève.

4. Melle *Victorine de Vaniere*, mariée à M. Martin, de Magalas.

En **1799** naquit *Isidore de Vaniere*; il fit ses études à la faculté de Montpellier, où il fut admis au grade de docteur en médecine. Il exerçait cette profession à Magalas, où il se faisait aimer par les soins intelligents et désintéressés qu'il prodiguait aux pauvres malades; il y mourut à la fleur de l'âge et sans postérité en 1838. En lui s'est éteinte cette ancienne famille, qui touchait, par son origine, aux premiers âges de la noblesse française.

Il est glorieux pour les Vargas, venus d'Espagne, d'avoir, durant l'espace de six siècles, continué dignement la généalogie des Vaniere. Fidèles serviteurs des Capétiens-Valois, comme les anciens Vaniere l'avaient été des Capétiens, ils ont toujours suivi la bonne ou la mauvaise fortune de leurs rois, et ils n'ont point survécu à leur dynastie; ils ne pouvaient mieux remplir l'ancienne devise de la famille :

DEO REGI ET PATRIÆ DEVOTA !

Armoiries de la famille Vanière ; elles ont aussi pour devise, depuis 1750, ces mots : Ruris opes et deliciæ.

www.ingramcontent.com/pod-product-compliance
Lightning Source LLC
Chambersburg PA
CBHW060619050426
42451CB00012B/2337